Sandra Sommer

Mit Bildergeschichten durch das Jahr

Differenziertes Material zur Förderung der Sprech- und Schreibkompetenz

PERSEN

Die Autorin

Sandra Sommer ist als Lehrerin und Konrektorin an einer Förderschule tätig. Außerdem verfügt sie über langjährige Berufserfahrung an einer Grundschule und ist Autorin zahlreicher Veröffentlichungen.

Gedruckt auf umweltbewusst gefertigtem, chlorfrei gebleichtem und alterungsbeständigem Papier.

1. Auflage 2019

Grafik: Dorothea Tust, Julia Flasche
Satz: Satzpunkt Ursula Ewert GmbH, Bayreuth

ISBN: 978-3-403-20410-7

www.persen.de

Inhaltsverzeichnis

1 Einleitung

Die **Bildergeschichten** im vorliegenden Band sind Bildfolgen, die ganz ohne Text auskommen und trotzdem eine klare Handlung vermitteln. Wesentliches wird hervorgehoben, auf zu viele Ausschmückungen wird verzichtet, die Bilder reichen für das Erfassen der Geschichten völlig aus. Zudem haben sie eine klare Erzählstruktur: Die Anzahl der Personen, Tiere und Dinge bleibt überschaubar und konstant.
Mit diesen Aspekten bieten sich die Bildergeschichten perfekt für den differenzierten Einsatz im Unterricht an. Leistungsschwächeren Schülern[1] bieten sie ein Gerüst und eine Hilfestellung zum Erzählen und Schreiben und leistungsstärkeren Schülern (je nach Leistungsvermögen und Lernstufe) ein Gerüst für Fantasie, Vorstellungsvermögen, eigene Interpretationen und das Entstehen erster kleiner Geschichten.
Wortschatzarbeit, perspektivisches Schreiben, Verwendung treffender Worte und Abwechslung im Satzbau – diese und noch viele andere Aspekte sprechen für die Verwendung von Bildergeschichten im Grundschulunterricht. Das Erzählen der Geschichten kann mündlich, schriftlich, aber auch darstellend ausgeführt werden.
Mit diesem Band haben Sie sechs Bildergeschichten, die in den Klassen 1 bis 4 im Regelunterricht, im DaZ-Unterricht und im inklusiven Unterricht eingesetzt werden können. Selbstverständlich ist der Einsatz auch in höheren Jahrgangsstufen möglich.

Darüber hinaus bietet der Band zwei **Wimmelbilder**. Diese laden zum genauen Hinsehen ein.
In jedem Wimmelbild gibt es verschiedene Situationen zu beobachten. Es können Mutmaßungen angestellt werden, was gleich passieren wird und diese können an konkreten Bildausschnitten begründet werden. Das ermuntert die Schüler, in den Austausch mit Mitschülern zu treten und mündliche Äußerungen so genau wie möglich zu gestalten.

Verschiedene Möglichkeiten zur Aufgabenerstellung finden Sie im folgenden Abschnitt.

2 Aufbau und Differenzierungsmöglichkeiten

Im ersten Teil des Bandes finden Sie einige allgemeine methodische Hinweise zur Förderung der Erzählkompetenz im Unterricht sowie konkrete Anregungen für die Arbeit mit Bildergeschichten und Wimmelbildern zum Erzählen, Nachspielen und Schreiben.

Im zweiten Teil bietet der Band zwei Wimmelbilder und sechs Bildergeschichten, die aus drei bis fünf Einzelbildern bestehen. Die komplette Geschichte finden Sie jeweils zu Beginn eines Kapitels. Die dazugehörigen Kopiervorlagen sind in drei Schwierigkeitsstufen eingeteilt. Einen Überblick darüber geben die Beschreibung und die Tabelle auf den folgenden Seiten. Der Anhang hält Blankovorlagen für Sie bereit, die Sie nach Ihren Wünschen einzelnen Geschichten, Wimmelbildern und den verschiedenen Klassenstufen anpassen können.
Das vorliegende Material kann differenziert (sowohl qualitativ als auch quantitativ) im Unterricht eingesetzt werden, je nach Bedürfnis und Leistungsvermögen der Lerngruppe.

[1] Für eine bessere Lesbarkeit wird im Folgenden ausschließlich der Begriff „Schüler“ verwendet. Dieser umfasst jedoch selbstverständlich immer Schülerinnen und Schüler.

2.1 Schriftlicher Sprachgebrauch (s. Arbeitsmaterial Kapitel 6 und 7)

Schwierigkeitsgrad 1:
- Wort-Bild-Zuordnungen
- Wörter zuordnen und abschreiben
- Wortgrenzen markieren und Wörter richtig abschreiben
- Purzel- oder Schüttelwörter

Schwierigkeitsgrad 2:
- Wörter eigenständig schreiben
- falsche Wörter finden und ersetzen
- Sätze zuordnen und richtig abschreiben
- Sätze vervollständigen
- Sätze bilden mit Hilfen (Hilfswörter)
- Purzel- oder Schüttelsätze

Schwierigkeitsgrad 3:
- eigene Sätze bilden
- eigene Dialoge erfinden
- die Geschichte zu Ende schreiben

2.2 Mündlicher Sprachgebrauch (s. Arbeitsmaterial Kapitel 6 und 7 sowie Kapitel 4 Anregungen für den Einsatz von Bildergeschichten und Wimmelbildern im Unterricht)

Schwierigkeitsgrad 1:
- zum eigenen Bild erzählen
- mithilfe von Wort- oder Bildkarten erzählen
- Wörter zu den Bildern sammeln
- eigene Wort- oder Bildkarten erstellen (und zum Erzählen nutzen)

Schwierigkeitsgrad 2:
- falsche Aussagen erkennen und berichtigen
- Fragen zum Bild stellen
- Überschriften finden
- Spiel: Ich packe meinen Koffer

Schwierigkeitsgrad 3:
- Spiel: Ich sehe was, was du nicht siehst … (mit Adjektiven)
- Fragen zu vorgegebenen Antworten suchen
- Details der Bildergeschichten umschreiben
- Fehler- und Lügengeschichten ausdenken
- die Geschichte in der Vergangenheit erzählen

2.3 **Weiterführende Arbeitsaufträge** (s. Kapitel 4 Anregungen für den Einsatz von Bildergeschichten und Wimmelbildern im Unterricht)

Schwierigkeitsgrad 1:
- Standbilder zu einzelnen Szenen bauen
- Pantomime
- die Geschichte weitermalen

Schwierigkeitsgrad 2:
- zu der Pantomime eines anderen erzählen
- Rollenspiel
- Stabpuppenspiel
- persönliche Erfahrungen erzählen, aufschreiben oder malen
- einen einfachen Bericht schreiben

Schwierigkeitsgrad 3:
- ein Rollenspiel mit Dialogen selbst gestalten
- die Geschichte vertonen
- Wie geht die Geschichte weiter?
- eine eigene Geschichte erfinden
- einen Comic zeichnen und passende Sprechblasen einfügen
- Personenbeschreibung

2.4 **Einteilung der einzelnen Bildergeschichten und Wimmelbilder** (mit Arbeitsaufträgen)

Bildergeschichte/ Wimmelbild	Schwierigkeitsgrad 1	Schwierigkeitsgrad 2	Schwierigkeitsgrad 3
Eine Überraschung zu Ostern	Schwerpunkt		
Der Krebs		Schwerpunkt	Schwerpunkt
Die lebendige Vogelscheuche	Schwerpunkt	Schwerpunkt	
Der Wespenstich		Schwerpunkt	
Opa bekommt eine Dusche		Schwerpunkt	
Der Kindertausch			Schwerpunkt
Am See		Schwerpunkt	
Weihnachtsmarkt		Schwerpunkt	

3 Allgemeine methodische Hinweise zur Förderung der Erzählkompetenz

Die folgenden methodischen Hinweise beziehen sich zum einen auf das spontane und gemeinschaftliche Erzählen (3.1) und zum anderen auf das strukturierte (Nach-)Erzählen von Geschichten (3.2). Die Methoden sind insgesamt ohne viel Aufwand im Unterricht einsetzbar, auch unabhängig von den angebotenen Materialien in diesem Buch. Zudem eignen sie sich sowohl für das Üben des mündlichen als auch des schriftlichen Erzählens.

3.1 Spontanes und gemeinschaftliches Erzählen von Geschichten

Geschichten aus dem Schuhkarton

Bei Geschichten aus dem Schuhkarton geht es zunächst darum, möglichst viele unterschiedliche Gegenstände in einem Karton zu sammeln. Es bietet sich an, dass beispielsweise jeder Schüler einen Gegenstand mitbringt und so der Kiste beisteuert. Alternativ kann dies auch von der Lehrkraft übernommen werden.

Der Startimpuls für das Erzählen kann dann entweder von der Lehrkraft bewusst ausgewählt oder von einem Schüler zufällig aus der Kiste gezogen werden. Nun kann jeder reihum einen Satz zur Geschichte beitragen (→ Reihumerzählen). Alternativ kann auch jeder Schüler einen eigenen Gegenstand ziehen und dazu eine Geschichte erfinden. Vorteil beim gemeinsamen Erzählen ist, dass, ähnlich wie beim Reihumerzählen, die Schüler lernen, sich auf ihre Vorredner zu beziehen. Dafür müssen sie nicht nur aktiv zuhören, sondern auch mitdenken. Zur Unterstützung kann der gewählte Gegenstand als Erzählstein weitergereicht werden.

Reizwortgeschichten

Bei Reizwortgeschichten werden unterschiedliche Schlagworte vorgegeben, die dann unmittelbar in die Erzählung eingebaut werden müssen. Zu Beginn ist es sinnvoll, mit Nomen zu arbeiten, die von der Lehrkraft vorgegeben werden. Später können auch Adjektive und Verben (je nach Entwicklungsstand der Schüler) dazukommen. Gefordert wird hierbei vor allem ein hohes Maß an Spontanität seitens der Schüler. Um die Spannung zu erhöhen, können die Reizwörter in Streichholzschachteln verteilt werden.

3.2 Strukturiertes (Nach-)Erzählen von Geschichten

Geschichten aus der Pappröhre

Geschichten aus der Pappröhre werden zwar von der Lehrkraft strukturiert, erfordern jedoch auch ein Maß an Spontanität seitens der Schüler. Das methodische Vorgehen gestaltet sich ähnlich wie beim Erzählen mithilfe von Erzählkarten. Benötigt werden eine Pappröhre, ein Korken, ein (roter) Faden sowie kleine Wortkärtchen. Der rote Faden wird zunächst am Korken befestigt. Anschließend werden die einzelnen Wortkarten auf dem Faden aufgefädelt. Als Letztes fädelt man das Wortkärtchen mit dem Titel der Geschichte auf. Nun stopft man die Geschichte (mit dem Ende beginnend) in die Pappröhre und verschließt diese mit dem Korken. Die Geschichte kann nun stückweise aus der Pappröhre gezogen und erzählt werden. Die einzelnen Wortkärtchen dienen dabei als Erzählgerüst und Strukturierungshilfe. Gemeinsam markieren sie die wichtigsten Erzählstationen und ermöglichen so die Erarbeitung und Einübung erster Erzählregeln: Personen benennen, Ort der Geschichte, ggf. Tageszeit usw.

Als Alternative zu den Wortkärtchen können auch Bilder verwendet werden. Diese sind oftmals leichter zu „lesen" und regen gleichzeitig die Fantasie in hohem Maße an.

Wird die Lehrkraft zu Beginn der Unterrichtseinheit die Pappröhre gestalten und somit auch die Wortkärtchen vorgeben, können geübte Schüler später auch eigene Pappröhren zu unterschiedlichen Themen, Titeln und Bildern gestalten und für das Erzählen und Nacherzählen eigener Geschichten nutzen.

ABC-Geschichten

Bei ABC-Geschichten geht es in erster Linie darum, Assoziationen zu einem gewählten Thema zu schaffen und gleichzeitig den Wortschatz anzureichern. Insofern handelt es sich hierbei um eine Methode, die das Erzählen vorbereitet. Dafür bekommt jeder Schüler einen Zettel, auf welchem die Buchstaben des Alphabets vertikal abgebildet sind. Je nach Entwicklungsstand der Lerngruppe können auch nur ausgewählte Buchstaben abgedruckt werden. Die Schüler sollen sich nun zu den einzelnen Buchstaben verschiedene Wörter überlegen. Als Themenvorgabe kann hierbei sowohl ein spezifischer Titel als auch ein Bild dienen. Bilder haben hierbei den Vorteil, dass sie Dinge abbilden, die evtl. als Wörter aufgeschrieben werden können.

Im Anschluss an das Ausfüllen des Zettels kann mithilfe dieser Wörter eine Geschichte erzählt oder geschrieben werden. Die Erzählreihenfolge wird hierbei durch die alphabetische Reihenfolge bestimmt und vorstrukturiert. Im Hinblick auf den Schwierigkeitsgrad ergeben sich zudem Differenzierungsmöglichkeiten. So könnten Schülern auch einzelne Buchstaben zugewiesen werden, sodass sie sich zunächst nur ein Wort zu einem Buchstaben überlegen müssen. Besonders anspruchsvoll wird es, wenn ganze Sätze zu den einzelnen Buchstaben erfunden werden müssen.

Leserolle

Zu jedem Bild der Bildergeschichte soll ein Blatt gestaltet werden. Das kann z. B. eines der vorliegenden Kopiervorlagen sein oder auch ein von den Schülern frei gestaltetes Blatt. Die Blätter werden dann aneinandergeklebt und zusammengerollt. Die Rolle wird in eine Pappröhre gesteckt und dann den Mitschülern vorgestellt.

Anregungen für den Einsatz in höheren Jahrgangsstufen

Die oben genannten Anregungen können in abgewandelter Form auch in der Sekundarstufe I eingesetzt werden. Zum Beispiel können ganze Sätze zu den Buchstaben der ABC-Geschichte erfunden werden. Das fordert auch Schüler der fünften und sechsten Klassen noch heraus.

Eine weitere Möglichkeit ist die Erstellung eines Comics aus den Bildern der Bildergeschichte. Sprechblasen müssen gefüllt und sinnvolle Dialoge gebildet werden. Eventuell können im Kunstunterricht sogar weitere Bilder zum Füllen der inhaltlichen Lücken gezeichnet werden.

Zeigen Sie den Schülern zunächst nur das letzte Bild der Bildergeschichte. Wie konnte es zu dieser Situation kommen? Die Schüler sollen gemeinsam nachdenken und Ideen sammeln und so eigene Geschichten erfinden.

Lassen Sie die Schüler ein Theaterstück aus der Bildergeschichte schreiben. Auch das Erstellen einer Parallelgeschichte ist eine Möglichkeit für den Einsatz der Bildergeschichten.

4 Anregungen für den Einsatz von Bildergeschichten und Wimmelbildern im Unterricht

Die folgende Zusammenstellung bietet eine Reihe an Ideen und Anregungen für den Unterricht. Diese gehen über das Angebot der Arbeitsblätter hinaus, die sich schwerpunktmäßig auf Übungen zum Schreiben beziehen. In den folgenden Anregungen zu den Unterpunkten „Sprechen und Erzählen" (4.1), „Nachspielen" (4.2) und „Schreiben und Fabulieren" (4.3) finden Sie Ideen, die Sie im Umgang mit diesem Buch in Ihren Unterricht einfließen lassen können. Alle Ideen können natürlich auch mit den Wimmelbildern umgesetzt werden. Diese bieten vielfältige Erzählanlässe durch einzelne Szenen, die erst bei genauerem Hinsehen entdeckt werden.

4.1 Anregungen zum Sprechen und Erzählen

- *Erzähle, was passiert*
  Die Schüler erzählen Geschichten zu den Bildern. Die Wort- und Bildkarten können ihnen dabei helfen. Es können mithilfe von Blankokarten, aber auch eigenen Wort- und/oder Bildkarten hergestellt werden. Es können verschiedene Varianten ausprobiert werden: Die Bilder werden in der richtigen Reihenfolge vorgestellt, die Bilder werden einzeln gezeigt, das letzte Bild wird nicht gezeigt oder es wird nur das letzte Bild gezeigt.
- *Fragenspiel*
  Die Schüler denken sich Fragen aus und stellen diese ihren Mitschülern. Dies kann in Quizform mit zwei Mannschaften oder in Partnerarbeit geschehen. Variation: Es werden nur die Antworten genannt, die Mitschüler müssen die passenden Fragen finden.
- *„Ich bin"-Spiel*
  Ein Schüler sucht sich eine Person aus der Bildergeschichte oder dem Wimmelbild aus. Mitschüler dürfen nun Fragen zu der Person stellen, die mit „ja" oder „nein" beantwortet werden können. Finden sie heraus, um wen es sich handelt? Variation: Klebezettel werden mit dem Bild der Person aus der Geschichte an die Stirn geklebt und jeder der Kleingruppe muss durch geschicktes Fragen herausfinden, wen er selbst darstellen soll.
- *Ich sehe was, was du nicht siehst*
  Zu zweit wird das Spiel anhand einer Bildergeschichte oder eines Wimmelbildes gespielt. Statt Farben können beispielsweise Eigenschaften benannt werden.
- *Interview*
  In Kleingruppen können einzelne Personen der Bildergeschichte oder des Wimmelbildes interviewt werden.
- *Satzbombe*
  In Kleingruppen sollen reihum Sätze zu einer Bildergeschichte oder einem Wimmelbild formuliert werden. Die Lehrkraft stellt zuvor ein akustisches Signal ein (Wecker). Wer gerade dran ist, wenn das Signal ertönt, scheidet aus.
- *Schnipselgeschichte*
  Ein Wimmelbild wird in große Schnipsel gerissen. Eine Kleingruppe oder zunächst die ganze Klasse zieht einen Schnipsel und denkt sich eine passende Geschichte dazu aus.

- *Stimmungsgeschichten*
  Einzelne Bilder der Bildergeschichte oder Ausschnitte aus den Wimmelbildern werden vorgelegt. Die Schüler können sich nun nach einer Stimmungsvorgabe (lustig, traurig, wütend, überraschend) eine entsprechende Geschichte dazu ausdenken.
- *Stoppgeschichte*
  Ein Schüler erzählt einem Partner oder der ganzen Klasse die Bildergeschichte. Dabei darf er Fehler einbauen. Wird ein Fehler entdeckt, muss der entdeckende Mitschüler aufstehen und „Stopp“ rufen.
- *Tabuwörter*
  Ein Schüler zieht eine Wortkarte (oder ggf. Bildkarte) und versucht, den Inhalt der Bildergeschichte zu erzählen, ohne das jeweilige Wort zu nennen. Die Mitschüler müssen das Tabuwort erraten.

4.2 Anregungen zum Nachspielen

- *Standbilder*
  Die Schüler stellen Szenen aus der Bildergeschichte oder einem Wimmelbild in Standbildern dar. Die Standbilder können durch die Akteure selbst oder durch einen Partner erstellt werden (Marionette). Anschließend bietet es sich an, die Standbilder zu fotografieren und mit der Geschichte zusammen in der Klasse aufzuhängen.
- *Pantomime*
  Mehrere Schüler setzen die Bilder oder Szenen pantomimisch um. Ein anderer Schüler kann dazu erzählen, was passiert. Alternativ kann von den Mitschülern geraten werden, um welche Szene aus dem Wimmelbild es sich handelt.
- *Rollenspiel*
  Die Schüler spielen die Geschichte nach. Je nach Leistungsstand können sie sich auch Dialoge dazu ausdenken.
- *Ein Hörspiel erstellen*
  Die Schüler vertonen die Geschichte. Hierbei kann es einen Erzähler geben oder es können Dialoge erstellt werden.
- *Stabpuppenspiel*
  Zu den Bildergeschichten können Stabpuppen aus Pappe gebastelt werden. Anschließend wird mit ihnen die Geschichte erzählt.

4.3 Anregungen zum Schreiben und Fabulieren

- *Wie geht es weiter?*
  Die Schüler sollen sich überlegen, was nach dem Zwischenfall passiert. Welche Folgen hat das Geschehene? Wie geht es weiter? Wie reagieren die betroffenen Personen? Sie können ihre Gedanken aufschreiben oder erzählen.
- *Sprechblasen/Comic*
  Die Bildergeschichten werden vergrößert. Nun können Sprechblasen an die Schüler verteilt, ausgefüllt und aufgeklebt werden.

- *Polizeibericht*
  Vor allem in den Wimmelbildern passiert allerlei, was Folgen haben kann. So kann beispielsweise ein Diebstahl zur Anzeige gebracht werden. Die entsprechenden W-Fragen sollen hierbei Berücksichtigung finden (Wer? Was? Wann? Wo? Warum? usw.). Entsprechend können zu den Bildergeschichten Berichte verfasst werden.
- *Personenbeschreibung*
  Zu einer Person aus der Bildergeschichte oder dem Wimmelbild wird eine Beschreibung angefertigt. Finden die Mitschüler heraus, um wen es sich handelt?
- *Erzählfamilie*
  Die Bildergeschichte oder eine Szene aus dem Wimmelbild wird von allen Beteiligten aus deren Perspektive geschildert.
- *Mindmapping*
  Die Bildergeschichte wird ohne das letzte Bild an Kleingruppen ausgegeben. Durch eine Mindmap sollen Überlegungen zum weiteren Verlauf der Geschichte angestellt werden.
- *Leserolle*
  Die Bilder der Geschichte werden ausgeschnitten, aufgeklebt und ausgemalt. Die entsprechende Geschichte soll dazu geschrieben werden. Hierbei kann auf die differenziert angebotenen Arbeitsblätter zurückgegriffen werden. In einer leeren, ausgewaschenen Chipsrolle kann die Geschichte eingerollt und verstaut werden. Die Rolle wird von außen passend zur Geschichte beklebt und gestaltet. Die Geschichte wird dann anhand der Leserolle präsentiert.
- *Schreibgespräch*
  Anhand eines Bildausschnittes eines Wimmelbildes kann in Kleingruppen ein Schreibgespräch entstehen. Hierbei schreibt ein Schüler seine Gedanken zu dem Bild auf ein Blatt. Der nächste Schüler schreibt seine Gedanken still dazu usw.

5 Material und Vorbereitung

Für die Arbeit mit den Bildergeschichten und Wimmelbildern benötigen die Schüler Schere und Klebstoff.

Die Wort- bzw. Bildkarten im Materialteil können als Unterstützung beim Erzählen und Schreiben genutzt werden. Sie sollten in diesem Fall vorher ausgeschnitten und ggf. laminiert werden. Gerade bei den Wimmelbildern bietet es sich an, dass jeder Schüler zunächst „seinen" Bildausschnitt (Bildkarte) zum Erzählen und Schreiben bekommt.

Die Wimmelbilder sollten jeweils einmal großformatig kopiert werden, damit sie mit allen Schülern im Plenum besprochen werden können.

Bei der Arbeit mit den Wimmelbildern kann es hilfreich sein, die Schüler das jeweilige Wimmelbild auf ein DIN-A3-Blatt aufkleben zu lassen, um passende Wortkarten drum herum kleben oder Wörter und Sätze passend zum Bild schreiben zu können.

Eine Überraschung zu Ostern

Name: ______________________ Datum: ____________

Was passiert dann?

Male und erzähle! 

Name: ____________________ Datum: ____________

Klebe die Wörter zum passenden Bild. 

Erzähle die Geschichte.

Name: ______________________ Datum: ______________

Schneide aus.

Kind
Eier
malen
Hose
Papa
lachen

Name: ______________________________ Datum: ______________

Schreibe die Wörter zum passenden Bild und male die Silbenbögen darunter.

____

____

____

____

malen • Eier • Hose • Papa

Name: ________________________ Datum: ____________

Verbinde die Buchstaben mit dem richtigen Bild. 

Pp	Hh	Mm	Ei/ei

Name: ______________________ Datum: __________

Trenne die Wörter mit einem Strich.

Schreibe die Wörter richtig ab.

KindEiermalenHosePapalachen

______ ______ ______

______ ______ ______

Name: ______________________ Datum: __________

Trenne die Wörter mit einem Strich.

Schreibe die Wörter richtig ab.

KindEiermalenHosePapalachen

______ ______ ______

______ ______ ______

Kind	Eier
malen	Hose
Papa	lachen

Der Krebs

Name: ______________________ Datum: ______________

Was passiert?

Schreibe die Sätze zum passenden Bild. 

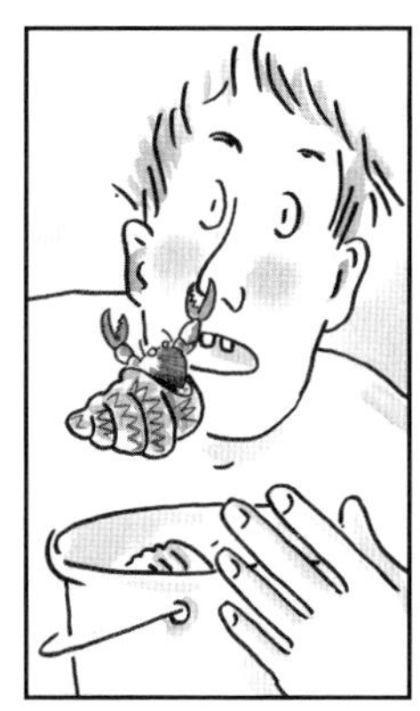

Name: ______________________ Datum: ______________

- Jonas läuft zu seinen Eltern.
- Der Vater bekommt einen Schreck.
- Sie ruhen sich aus.
- Jonas zeigt seinem Vater die Muscheln.
- Sein Vater schaut in den Eimer.
- Er nimmt den Krebs in die Hand.
- Alle lachen.
- In seinem Eimer sammelt er Muscheln.
- Ein Krebs zwickt ihn in die Nase.
- Jonas sucht im Sand.

Name: ______________________ Datum: ____________

Was passiert?

Schreibe Sätze zu den Bildern. Die Wörter können dir helfen.

Strand • sammelt • Muscheln • Eimer

läuft • Eltern • zeigt • ruhen sich aus

zeigt • sein Vater • schaut

Name: ______________________ Datum: ____________

Krebs • zwickt • Nase • Vater • Schreck

hält fest • Hand • lachen

Name: ______________________________ Datum: ______________

Was passiert?

Schreibe die Sätze zu Ende. 

Jonas ist ______________________________

____

______________________________.

Nun möchte er ______________________________

____

______________________________.

Stolz zeigt ______________________________

____

______________________________.

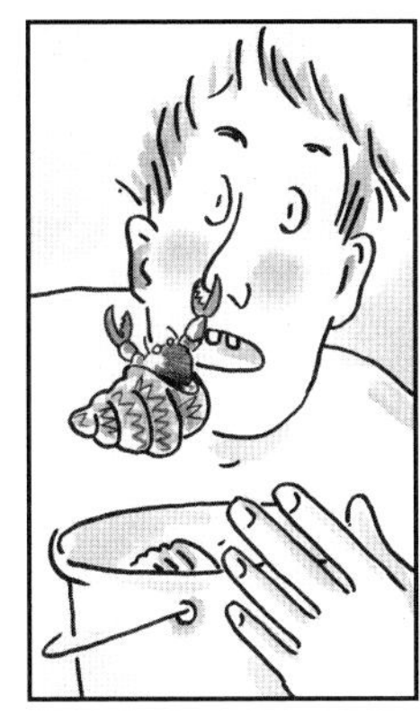

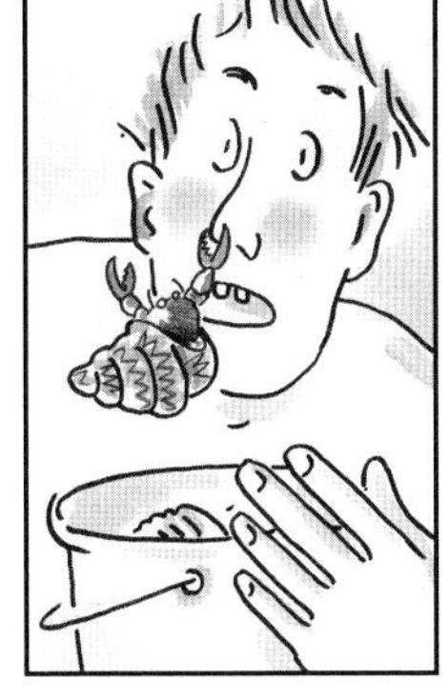

Plötzlich ______________________________

______________________________.

Der Vater bekommt ______________________________

______________________________.

Er nimmt ______________________________

______________________________.

Alle ______________________________.

Name: ______________________ Datum: ____________

Schreibe zu den Bildern eine eigene Geschichte.

der Strand	sammeln
Jonas	die Muscheln
der Krebs	die Eltern
stolz	erschrocken
die Schmerzen	zwicken
gespannt	ausruhen

Die lebendige Vogelscheuche

Name: ______________________ Datum: ______________

1. Verbinde die Wörter mit den richtigen Bildern.

Vogelscheuche
Kinder
Schal
Hut
Vogel
der Schreck
Vater

2. Finde fünf Wörter in der Wörterschlange. Trenne die Wörter mit einem Strich.

3. Schreibe die Wörter hier noch mal richtig auf.

____

____

Name: ______________________ Datum: ____________

1. **Welche Sätze passen zu der Bildergeschichte? Lies und markiere die richtigen Sätze.**

- ☐ Die Kinder stellen eine Vogelscheuche auf.
- ☐ Die Vogelscheuche steht auf einem Felsen.
- ☐ Die Kinder holen einen Schal.
- ☐ Der Vater zieht sich die Kleidung von der Vogelscheuche an.
- ☐ Die Kinder bekommen einen Schreck.
- ☐ Der Vogel macht den Kindern auf den Kopf.

2. **Welche Fehler findest du in den falschen Sätzen? Erzähle einem Partner, wie die Sätze richtig heißen müssen.**

3. **Schreibe die falschen Sätze hier richtig auf.**

____

____

____

____

____

____

____

____

____

____

Name: ______________________________ Datum: ______________

Welche Wörter passen zu der Geschichte? Kreise ein. 

anziehen

Vogelscheuche

das Fest

Vogelfutter

Hausaufgaben

Vater

Frühling

schenken

Herbst

Schal

Durst

verkleiden

das Feld

Mutter

erschrecken

Name: ______________________ Datum: ____________

Schreibe die Wörter zum passenden Bild. 

____

____

____

____

____

____

____

____

____

____

Kinder • Vogelscheuche • Vater • anziehen • aufstellen • Schreck
Hut • lachen • aufsetzen • weggehen

die Kinder	die Vogelscheuche
anziehen	der Schreck
holen	der Hut
der Vogel	der Kopf
der Vater	das Feld
erschrecken	verkleiden

Der Wespenstich

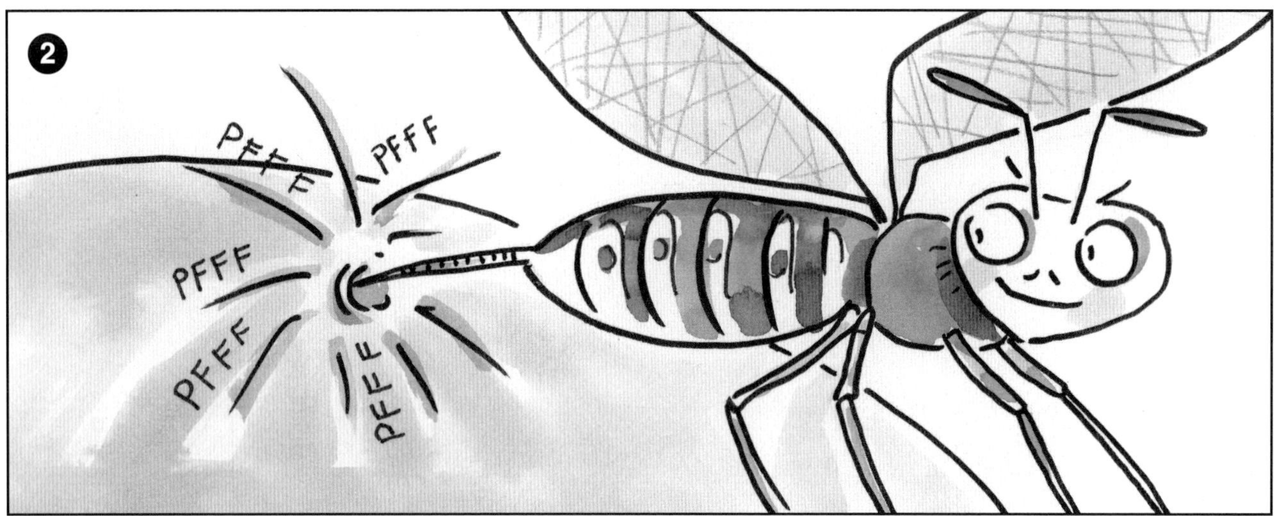

Name: ______________________ Datum: ____________

Was passiert dann?

Male und erzähle!

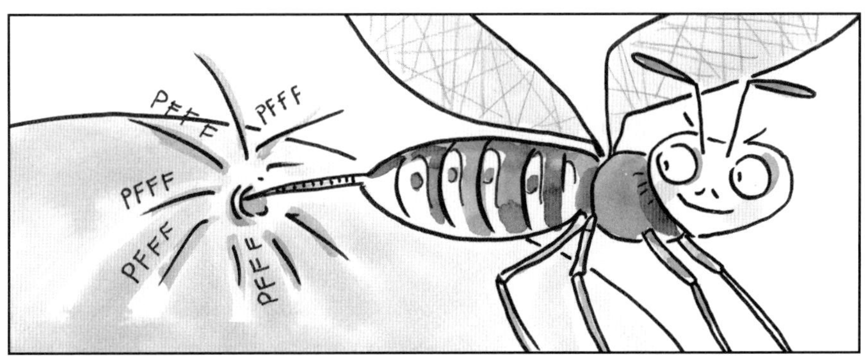

Name: ______________________ Datum: __________

Klebe die Wörter zum passenden Bild. 

Erzähle die Geschichte.

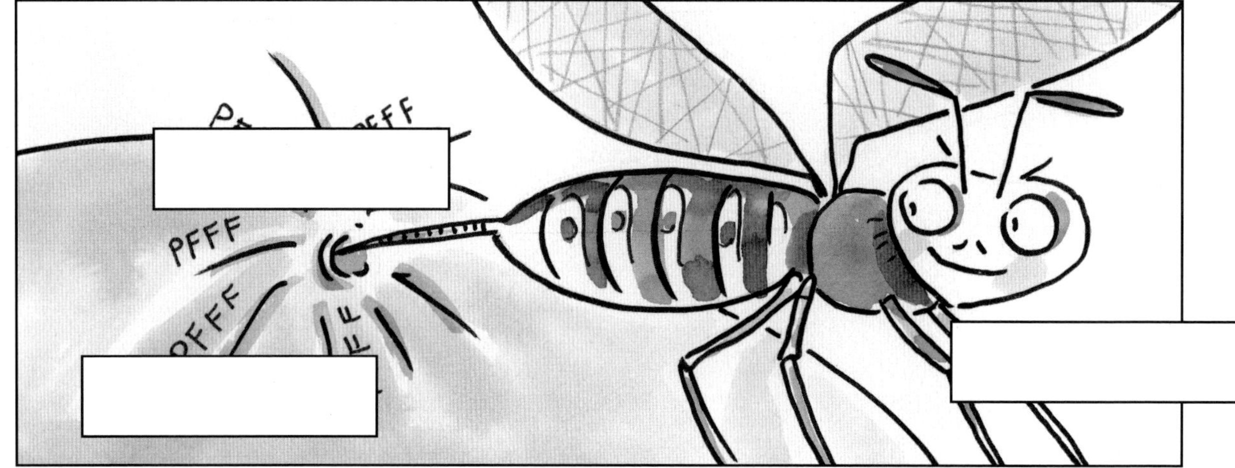

Name: ______________________________ Datum: ______________

Schneide aus.

Sonne
toben
Wasser
Papa
Kinder
Planschbecken
Wespe
stechen
Luft
ärgern
Ball

Name: ______________________ Datum: ______________

Verbinde die Wörter mit den richtigen Bildern. 

Kinder
Vater
Wasser
Wespe
Sonne
toben
Ball

Name: ______________________ Datum: ____________

Schreibe die Wörter richtig auf. 

r a s
s W e

t a r
e V

e o n
b t

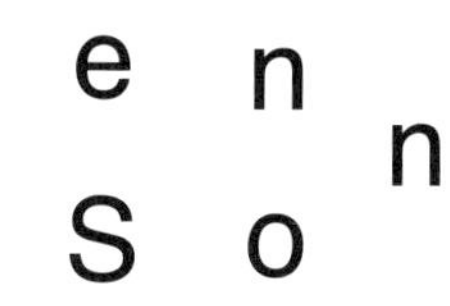

ä r e
n g r

e s e
p W

e c n
t
e h s

Name: ______________________ Datum: ______________

Was passiert?

Setze die richtigen Wörter in die Lücken ein. 

Die Wespe ______________ den Vater.

Die Kinder ______________.

Die Kinder sind im ______________.

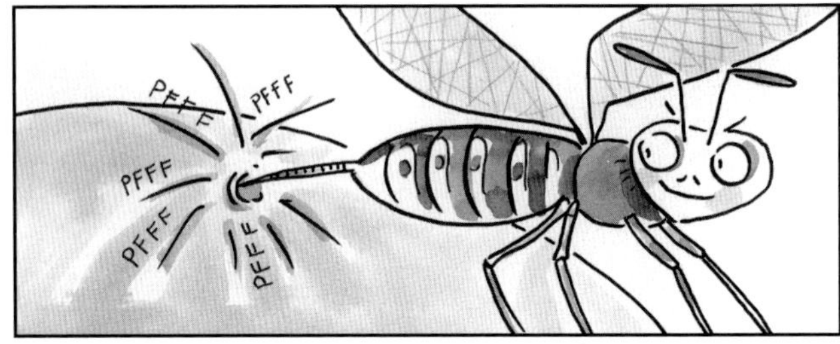

Die Wespe ______________.

Es läuft ______________ aus dem Planschbecken.

Die Sonne ______________.

Das ______________ ist leer.

Name: ______________________ Datum: ______________

Was passiert?

Schreibe Wörter oder kurze Sätze zu den Bildern.

der Papa	die Kinder
die Sonne	das Wasser
toben	die Wespe
das Planschbecken	stechen
leer	sitzen

Opa bekommt eine Dusche

Name: ______________________ Datum: ______________

Was passiert dann?

Male und erzähle! 

Name: ______________________ Datum: ______________

Klebe die Wörter zum passenden Bild. 

Erzähle die Geschichte.

Name: ______________________ Datum: ____________

Schneide aus. 

Oma
Opa
Weihnachtsbaum
Geschenke
Kerze
essen
Spielsachen
Rauch
Eimer
Wasser
löschen
nass
Lampe
Stern
Kind

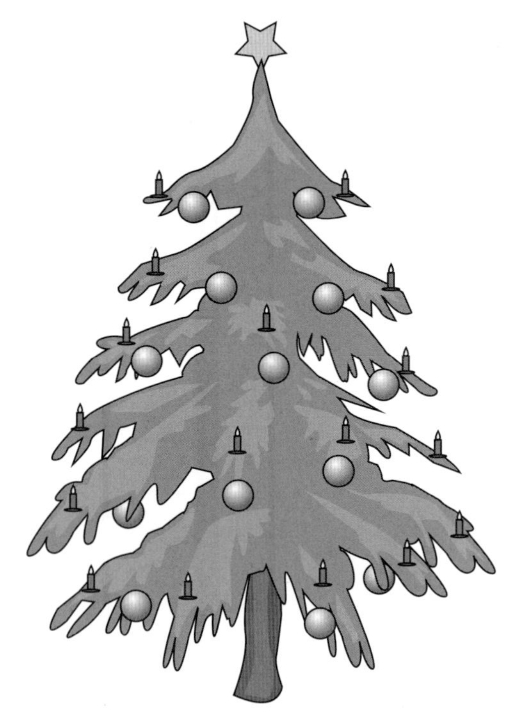

Name: ______________________ Datum: ______________

Schreibe die Wörter zum passenden Bild. 

Oma • Opa • Weihnachtsbaum • Geschenke • Kerze • essen
Spielsachen • Rauch • Eimer • Wasser • löschen • Kind

Name: ______________________ Datum: __________

Trenne die Wörter mit einem Strich.

Schreibe die Wörter richtig ab.

FamiliefeiernWeihnachtenGeschenkeBaumKerzenRauchlöschenEimer

Name: ______________________ Datum: __________

Trenne die Wörter mit einem Strich.

Schreibe die Wörter richtig ab.

FamiliefeiernWeihnachtenGeschenkeBaumKerzenRauchlöschenEimer

Name: ______________________ Datum: ____________

Was passiert?

Schreibe die Sätze zum passenden Bild.

Name: ______________________ Datum: ____________

- Opa ist nass.
- Das Kind holt Wasser mit einem Eimer.
- Das Kind sieht Rauch.
- Das Kind schüttet das Wasser auf den Baum.
- Die Kinder packen Geschenke aus.
- Die Familie feiert Weihnachten.
- Es gibt etwas zu essen.

Name: ______________________ Datum: ____________

Was passiert?

Schreibe Sätze zu den Bildern. Die Satzanfänge können dir helfen. 

Es ist ______________________.

Die Familie ______________________.

Unter dem Baum ______________________.

Die Eltern ______________________.

Das Kind ______________________.

Plötzlich ______________________.

Schnell ______________________

______________________.

Aufgeregt ______________________

______________________.

Doch da ______________________.

Opa ______________________.

Weihnachten	Familie
Kerze	Rauch
Geschenke	Eimer
löschen	Wasser
nass	Weihnachtsbaum
Opa	Kind

Der Kindertausch

Name: ______________________ Datum: __________

Die Wörter von den Sätzen sind durcheinandergeraten.
Schreibe sie richtig neben die passenden Bilder.

Name: ______________________ Datum: ______________

- Marisa an der Hand. Der Vater hält
- kaufen. Marisas Vater möchte eine Brezel
- Über den Luftballons. Menschen fliegen
- Marisa verkleideten schaut sich die Menschen an.
- Der bekommt Vater zwei Brezeln.
- Huch! die Hand? Nimmt Marisas Vater die falsche Hexe an
- auf die Schulter. Marisa tippt ihrem Vater
- Der wundert Vater sich.
- andere Hexe lachen. Marisa und die

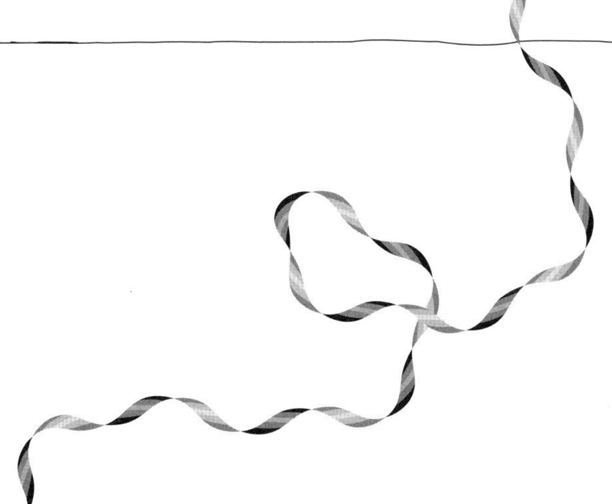

Name: ______________________________ Datum: ______________

1. **Schreibe zu der Bildergeschichte einen Dialog.**
2. **Überlege mit einem Partner:**
   - **Wie viele Personen kommen vor?**
   - **Was könnten die Personen sagen?**

Ihr könnt eure Dialoge auch der Klasse vorspielen.

Personen: ______________________________

Marisa: Guck mal, Papa! Alle haben sich verkleidet!

Vater: Ich möchte gerne zwei Brezeln.

Personen: ______________________________

Dialog: ______________________________

____

____

____

Name: ______________________ Datum: ______________

Personen: ______________________

Dialog: ______________________

____

____

____

Personen: ______________________

Dialog: ______________________

____

____

____

Personen: ______________________

Dialog: ______________________

____

____

____

Name: ______________________ Datum: ______________

1. **Schneide die Wortkarten aus.**
2. **Ordne die Karten den passenden Bildern zu.**
3. **Bilde Sätze aus den Karten und schreibe sie in dein Heft.**

Fasching	Marisa
der Vater	die Brezeln
kaufen	hat Hunger
die Hexe	verwechselt sein Kind
der Besen	schaut verwundert
merkt	seine Tochter
lachen	

Name: ______________________ Datum: ____________

Trenne die Wörter mit einem Strich.

Schreibe die Wörter richtig ab.

FaschingVerkleidungUmzugBrezelkaufenVerwechslungBesenverwundertlachen

Name: ______________________ Datum: ____________

Trenne die Wörter mit einem Strich.

Schreibe die Wörter richtig ab.

FaschingVerkleidungUmzugBrezelkaufenVerwechslungBesenverwundertlachen

Name: ______________________ Datum: ______________

Was passiert?

Schreibe die Sätze zu Ende. 

Der Vater hält Marisa ______________________.

Marisas Vater möchte zwei ______________________.

Über den Menschen ______________________

______________________.

Marisa schaut sich die ______________________

______________________.

Name: ______________________ Datum: ______________

Der Vater bekommt ______________________.

Huch! Nimmt Marisas Vater die ______________

______________________________?

Marisa tippt ihrem Vater ______________________

______________________________.

Der Vater ______________________.

Marisa und die andere Hexe ______________.

Name: ______________________ Datum: ______________

Schreibe ein eigenes Ende für die Geschichte. 

Fasching	Brezel
Verkleidung	Hexe
kaufen	Verwechslung
Besen	verwundert
bezahlen	lachen
Hunger	

Am See

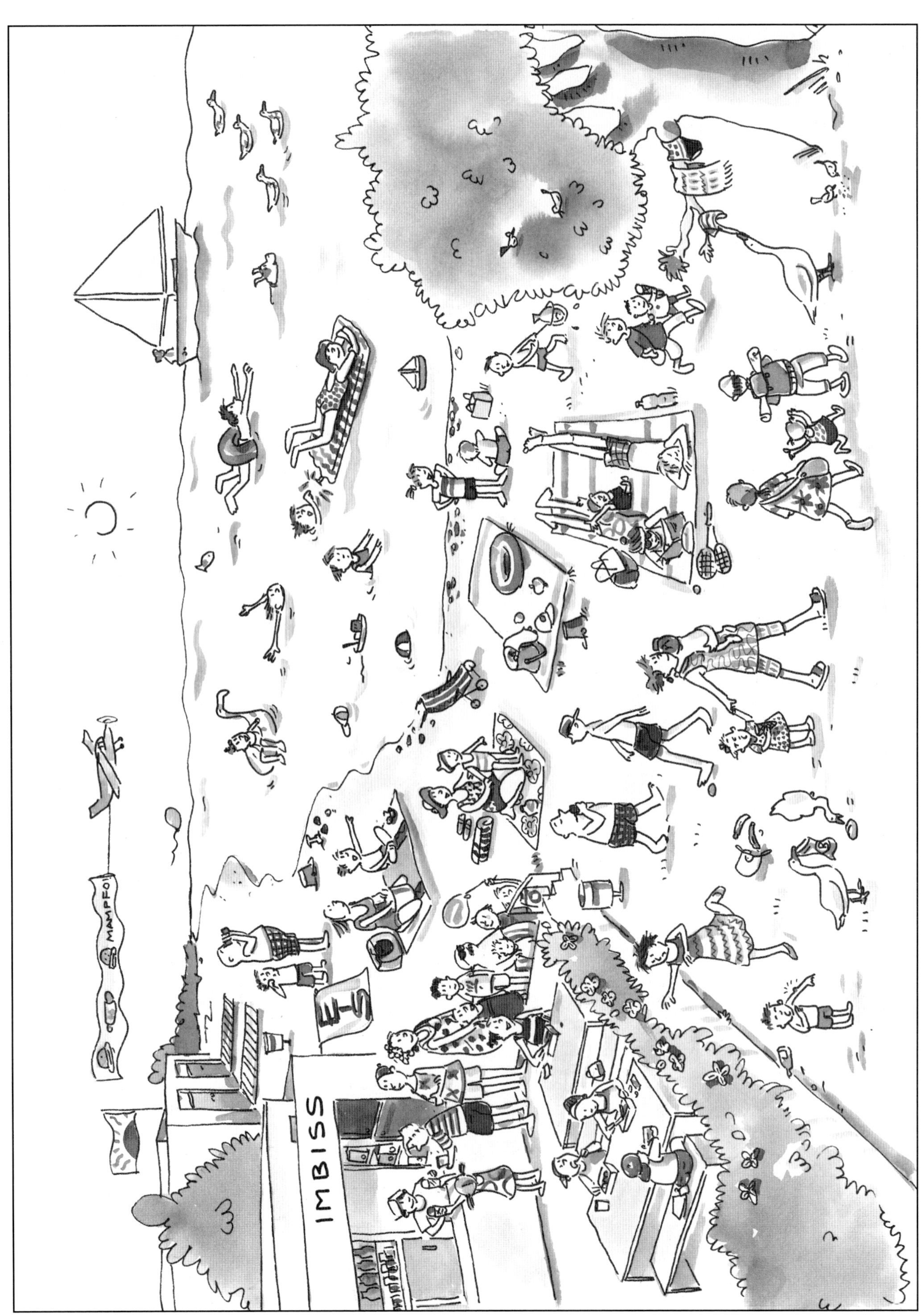

Name: ______________________ Datum: ______________

Sieh dir deinen Bildausschnitt genau an.

Schreibe alle Wörter auf, die dir dazu einfallen.

____

____

____

____

____

____

____

Name: ______________________ Datum: ______________

Sieh dir deinen Bildausschnitt genau an.

Schreibe alle Wörter auf, die dir dazu einfallen.

____

____

____

____

____

____

____

Name: ______________________ Datum: ____________

Sieh dir deinen Bildausschnitt genau an.

Schreibe alle Wörter auf, die dir dazu einfallen.

Name: ______________________ Datum: ____________

Sieh dir deinen Bildausschnitt genau an.

Schreibe alle Wörter auf, die dir dazu einfallen.

Name: ______________________ Datum: ______________

Was kannst du auf dem Bild entdecken?

Schreibe in ganzen Sätzen. Die Satzanfänge helfen dir.

Ich sehe … • Auf dem See schwimmen … • Das Flugzeug …
Viele Menschen … • Das Kind weint, weil … • Der Schwan …
Der Mann guckt durch … • Die Familie liegt …

Name: ______________________ Datum: ______________

Sieh dir das Bild genau an und suche die Personen im großen Bild. 

Schreibe die Sätze zu Ende. 

1. Viele Menschen wollen Pommes kaufen.

   Insgesamt sind es ______________ Personen.

2. Einige Kinder und Erwachsene sitzen und liegen auf Decken.

   Insgesamt sind es ______________ Menschen.

Das Kind weint, weil

____

______________________________________.

Die Mutter läuft schnell, weil

____

______________________________________.

Der Junge zeigt auf den See, weil

____

______________________________________.

die Pommes	der Fisch	die Decke
die Fahne	die Enten	schwimmen
der Hund	tragen	der Schwan
liegen	die Kinder	sitzen
das Segelboot	fangen	die Tische
weinen	die Luftmatratze	zeigen
die Tasche	schauen	die Flasche
essen	der Baum	baden
der Badeanzug	laufen	das Eis
lesen	der Luftballon	fliegen

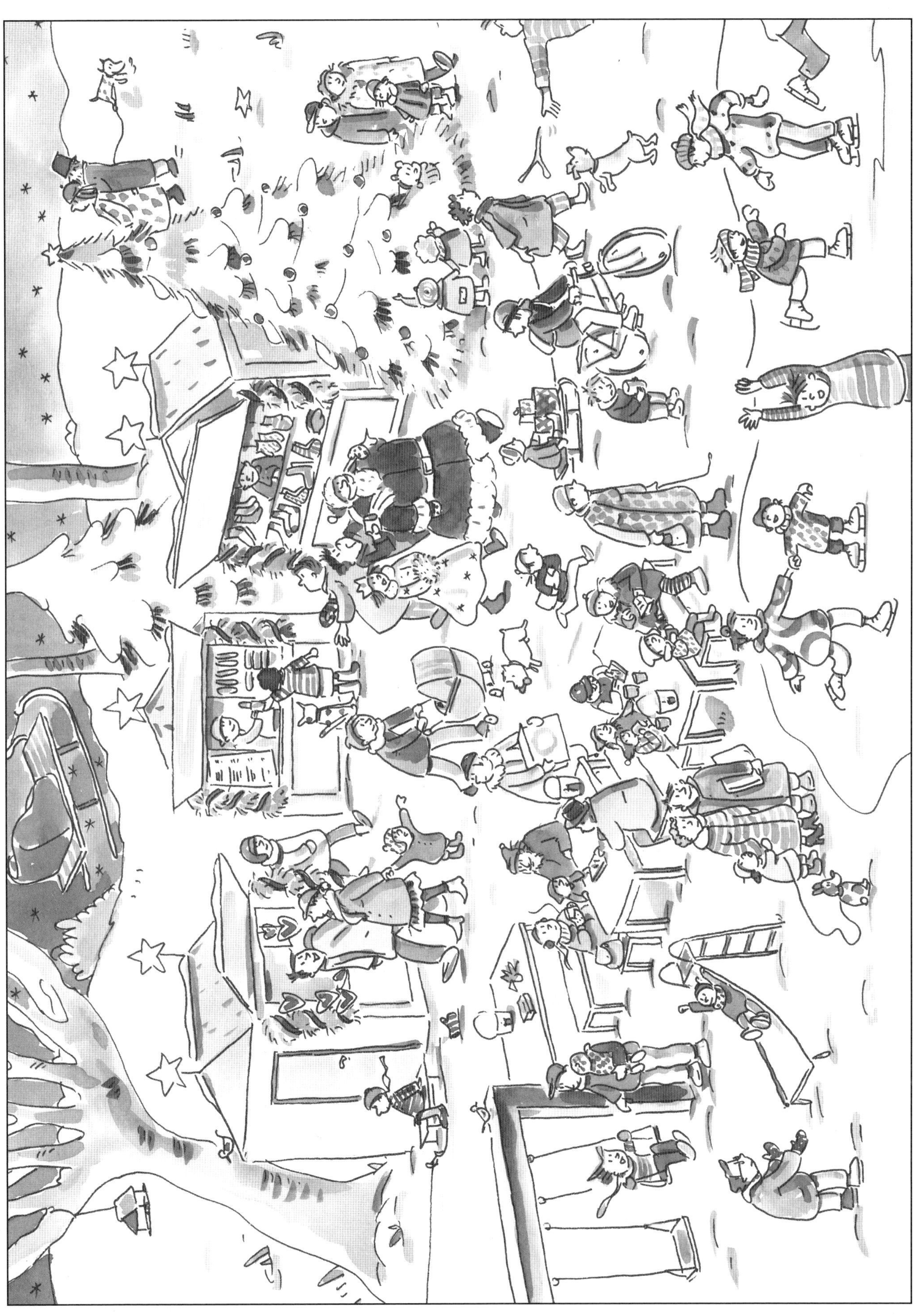

Name: ______________________ Datum: ____________

Sieh dir das Bild an.

Schreibe alle Wörter auf, die dir zum Bild einfallen.

Name: ____________________ Datum: ____________

Was kannst du auf dem Bild entdecken?

Schreibe ganze Sätze auf. Die Satzanfänge helfen dir.

Ich sehe … • Der Weihnachtsmann … • Auf dem Eis laufen …
Erwachsene und Kinder sitzen … • Der Hund hat ein …
Die Frau schiebt … • Im Baum hängt … • Der Junge kauft …

Name: ______________________ Datum: ______________

Sieh dir das Bild genau anund suche die Personen im großen Bild. 

Schreibe die Sätze zu Ende.

Der Handschuh gehört dem Mann, der

____

____.

Die Frau hat nur noch eine Leine in der Hand, weil

____

____.

Der Mann verschüttet sein Getränk, weil

____

____.

die Kinder	der Mann	die Rutsche
der Weihnachtsbaum	der Schlitten	der Handschuh
der Hund	der Kinderwagen	die Sterne
die Leine	die Geschenke	die Schlittschuhläufer
der Weihnachtmann	das Christkind	die Tannenbäume
das Lebkuchenherz	verkaufen	ziehen
zeigen	schauen	schaukeln
rutschen	tragen	rennen
klauen	essen	fahren
sitzen	gehen	trinken

Weihnachtsmarkt – Bildkarten

Notizen

Jederzeit optimal vorbereitet in den Unterricht?

»